Michael Fruth
ENG. WEIT. HIER. NOCH

neue lyrik
band 99

(Foto: Noah Fruth)

Michael Fruth: Studium der Literatur- und Sprachwissenschaft in München und Durham/GB, zahlreiche Literatursendungen (als Autor und Lektor) und Hörspiele auf BR2. *Friß wos i sog*, 1971; *Niemand sonst hat die Detonation gehört*, 1979. Textfolgen in Anthologien (*Jahrbuch der Lyrik, Bayrisches Lesebuch*), sowie in Literaturzeitschriften (u.a. *Manuskripte, Ostragehege*).

Michael Fruth

ENG. WEIT. HIER. NOCH

Gedichte

*Eine poetische Autobiografie
in 76 Blitzauslösungen*

Leipziger
Literaturverlag

Ahnenaltar, Tanimbar-Archipel, Indonesien. Jeder Mensch betrachtet sich als Teil eines Clans, dem auch die verstorbenen Mitglieder angehören. Diese menschenähnliche Darstellung symbolisiert einen bestimmten Clan. Sie wird fest unter einen tragenden Balken des Hauses angebracht und stützt somit seine Bewohner.
Grassi-Museum für Völkerkunde, Leipzig

ENG

Bezeugt

Ich bin der Mann mit Blumenstrauß
im 5. Stock vor der Mansardenwohnung,
bin auch der große Blick der Wirtin
auf die Unverfrorenheit des Herrenbesuchs,

bin dessen Siegerlächeln
und schließlich das gespielte Staunen
der Untermieterin, das schnell
im Türeck jetzt erscheint.

Ich bin das Atmen zweier offner Münder
zum Takt des Stechschritts der Wirtin, der knarzend
                                            kommt
und geht und kommt und steht im Korridor
als Metronom für Lust und Missgunst.

Zwänge mich in diese Mischung aus Ja und Nein
in jener nicht mehr jungen Frau,
die noch nicht weiß, wie
sehr sie Mutter sein will.

Dresden/Kreta

Sie wollte mich nicht
und wenn schon dann als Tochter
oder Gespielin, Freundin, Ebenbild –
als Spiegel dessen, was sie mochte
an sich. Wie eine Sappho,
die aus der Schar der Wünsche
eine Venus sich knetet.

Zog den einen Mann zu sich heran,
der an der Heimatfront verblieben war
und sog an seinem Bauchladen
aus Leid und Lust mit aller Kraft.
Dachte, dass sie ihn wollte
und machte, dass er dachte,
er habe sie verführt.
Während der Tod seine Kreise
aus Wällen und Gräben enger zieht,
schaffen die beiden in alchemistischem Eifer
einen Fremden mit fremdem Geschick,
den sie versteckt vor dem Vater,
nicht aus Angst vor der Rache,
aber als Rache für die Angst;
dem sie später den Vater
versteckte, so lange es ging.

Nun sitzen wir hier, in der ersten Taverne hinter
                                                    Kontomari,
dem Dorf, das Vaters Kollegen von der Front
entvölkert haben bis hin zum letzten Greis und Kind.
Das Dorf, das uns dreimal vertrieb, weil es taubstumm ist
für alles was deutsch sein kann
und das immer dorthin wies,
wo man grad herkam.

Slaughterhouse

War das der katholische Gott
der Großmütter, der hinhörte oder
weghörte, als das Gewimmer
in Gebrüll überging, immer wenn
der Ring aus Donner sich enger zog,
während sie ihre Vaterunser riefen
mit dem Glauben an den Glauben
und an die eigene Stimme?

Oder war es die indische Kali
mit dem magisch-magnetischen Blick,
die dafür sorgte, dass die,
die nach oben durch die Haustür
dem Ersticken entkamen,
auf den Straßen in den Sog
der großen Einatmung der Brandsäule gerieten,
sodass sie stolpernd schlitternd fliegend
noch tanzen konnten vor dem Sturz?

Am Morgen genügten
wenige Himmelsdämonen
über den Parks, um den dort Lagernden
die letzte Botschaft einzustanzen:
dein Leben und deins ist weniger wert als
dasdasdasdasdas.
Und das.

In der Steilwand

Kellertief im Loch zwischen
Haus Nr. 3 und Nr. 7 stand mittig
eine Sonnenblume und sehr weit
oben rechts beim IV. Stock
klebte noch die Badezimmerwand
mit gelb-türkisen Fliesen.

Darunter ragte ein Rest vom Boden,
aus dessen Kante Stroh hervorkam
und aufgewelltes Stragula,
Platz für ein Paar Schuhe und
einen, der sehr aufrecht steht.

Kind

Die Zeit als wir noch
oder wieder alles wussten
sofort und kurz. Als wir
maßlos und machtlos
waren nach außen
und innen so kräftig
dass wir den Krug
mutwillig füllten
aus der Distanz.

Die Zeit als wir die
rätselhaften Reden
und Taten Erwachsener
eintauschten für die Glut
geheimen Spiels
und wir leicht alles
für das Begreifen
von etwas hergaben.

Als das Flirren
aus der Espenallee
Geschmack und Geruch verlor
und der Vogelbeerbaum
in keine Mansarden
mehr drang und Wolken
zu Wolken erstarrten.

Lakophobie

Die Grube durfte nie besichtigt werden.
Später war sie Kreisrand mit Trümmern
aufgeschüttet wie vieles. Wuchs schließlich
zum Zerrbild, zur Verheißung, zum Zentrum
des Denkens und jeder Art von Angst und Wunder.

Der Morgen hieß *Heutgibtesfleisch*,
worauf man bis zum Abend warten musste.
Es roch wie Asche und Feuer, schmeckte anders
als alles, war zäh und süß und tat den Zähnen weh.
Zum Nachtisch gab es einen Krater voller Bilder,
das Pferd, ganz unten im Trichter, halb verkohlt,
halb frisch, die Frauen drum herum gebückt mit
langen Messern. Großmutter, wie sie den Sprung
vom Straßenrand in Lehm und Trümmer wagt
und abwärts rutscht und schneidet.

Leicht hätte ich das Fleisch der nächsten Tage
eingetauscht für einen Blick auf dieses Pferd.

Am Bahndamm

War die Welt tiefer
als die Eisenhaken abwärts im Kipphänger
und als der Schacht
aus Rost und Kohlenstaub im gekappten Kamin.

War weiter
als eines Morgens dort
die leeren Gleise.

War höher
als der König der Kastendrachen,
der sich ein letztes Mal
von seiner Leine riss.

Black-out Flash-back

Nicht nur, wenn ein besonders
stumpfes Schwarz erscheint
wie neulich abends am Berggrat

im klobigen Karst der Fleck
aus weicher Erde, so sinnlos
weit über höchstem Grün.

Sondern auch, wenn die Zacken
der Harsch-Eisen sich in
Lava-Asche knirschend bohren,

taucht die Viertelpyramide
aus Eierkohlen auf
(oder nannte man sie *Nussbriketts*?)

im Keller, wo das vorletzte Licht
aus der Funzel am Anfang des Gangs
in den Holzverschlägen erstarb,

wo vor
der Auferstehung in die Welt
der Lebenden noch das Eck

unter der untersten Windung
der Treppenspindel kam, wo jedes Mal der wahre
Schrecken wahrer Dunkelheit gewartet hat.

Tagebuchnachtrag

Gleich nach der Wende ging ich
die Dresdener Gedächtniswege ab,
um Pflaster, Zaunspieße, Balustraden
nachzuprüfen zwischen ihrer Küchencouch
und seiner Villa, wo ein Säulenpaar
aus Fassmarmor den Eingang noch schützt
und den Balkon hochleben lässt, so
wie ein Armpaar auf Fäuste gestützt
einen zornigen Kopf trägt, bevor
es losgeht auf den Eindringling.

Dort hat sie ihn besucht,
wenn seine Frau verreist war.
Ist zugeeilt auf das Portal
zum Glück vier Jahreszeiten lang,
bis euer Himmel zweimal zu Glas
erstarrte und donnernd zersprang.

Als Zaungast sah ich zu,
wie eine helle Sicherheit
die Trutzburg, den Garten, den Himmel
und alles überzog: hier
bin ich gezeugt und nicht
auf ihrer Küchenbank im 5. Stock.
Und nicht die Missgunst ihrer Wirtin
war die erste Amme, denn es war
die missverstandene Gunst von Vaters Ehefrau,
die euch vor ihrer Abfahrt zurief: *Aber nicht*
im Ehebett, denn das ist frisch bezogen.

Porträt

Das ist doch ganz einfach, sagte die Geschichtslehrerin
und hielt den Schaschlikspieß hoch und ein Blatt Papier,
das sie faltete, worauf sie den Spieß durch die Lagen trieb,
um diese zickzack aufzufächern.
Setzte sich mit einem Schenkel auf die freie Pultbank hinten,
wir drehten uns um
in ihre begeisterte Pause hinein.

Der Spieß, das ist unser Blick zurück
und das Papier, das ist das Hin und Her
von allem was gewesen ist, die Löcher drin
sind das wovon wir meinen, dass wir es wissen.
Aber sehen tun wir immer nur
die runden Ränder.

Ihr Haar war rotbraun und umschlang ihre Worte
in üppigen Wellen, mein ungestümer Geist
war verliebt in den ihren und in ihren Kopf,
der mir als passender Ausdruck für
ihr maßvoll chaotisches Denken erschien.

Initiation

Genau zur rechten Unzeit
hast Du mir eine Brust entblößt
als späte Firmung: *Da, schau.*
Ich konnte dich nicht stillen.

Der einwärts gewandte Nippel
zwischen zwei gespreizten Fingern
sog mir am Blick wie ein alter Schreck,
aber deine Nacktheit verbot mir,
dich zu trösten.

Das Bild hat mich begleitet
mal als Marmortorso, mal als Passform
für das, was mir Nahrung versagte und gab.

Fehlform

Wer gab mir die Worte vor
für das Grab des Vaters?
Wo zwei mal drei Zahlen
die Fremdheit des Namens deuteten
mit Lettern aus Luft, dem Stein
entnommene Fehlformen als letzte Spur.
Manches drängte sich herbei
und stellte sich brav an,
weil die Anrede fehlte.
Und als ich mich fürs *Du* entschied,
war Stille. Im Weggehen
drang aus dem Hinterkopf
ein Satz hervor als hätte der Mund
sich dorthin ausgelagert. Der Satz,
der mich zum Bleiben drehte.

In meiner Stadt hast du gelebt jahrlang
weit weg von Frau und Kindern.
Ich will, dass du mir aufgelauert hast in der Uni,
ich zwinge dich hinter einen der Pfeiler
in den Fluren der Aula, sehe wie du
verstohlen meine Kindheitsfotos prüfst.

Hast geklingelt bei zwei drei Adressen
und niemand war da.
Hast den vermisst

der nicht wusste,
dass er dich vermisst.

Der eine Satz ist dreizackiger Haken
unter meiner Angel zu dir.
Da hängst du dran seither.
Zappelst nur noch selten und leicht,
es tut dir kaum noch weh.
Bald lass ich dich frei
mit diesem Satz.

Gorgo

Mit zwei sorgsamen Gabeln hast du die Wespen
unter den Streusel des Zwetschgendatschis eingebracht,
so dass sie noch lebten und nicht
fliehen konnten auf deinem Weg

aus der Küche ins Esszimmer zum Tisch
unterm Kronleuchter mit dem Klingelknopf
fürs Küchenpersonal, den Er betätigt hatte
aus Ungeduld auf sein Lieblingsgericht.

Hast Ihn beobachtet wie er Biss um Biss
verschlang und noch ein Stück verlangte.
Hast bald ein Fläschchen E605 beschafft und
in den Stoffbündeln des Nähzimmers verstaut;

so groß war deine Not. Hast doch noch
warten können, bis ihn ein Donner
lautlos rührte und der eigne Blitz
ihn sanft erschlug.

Zum dritten

Durch die Ohren von Keith Jarrett in Köln
zuhören, wie rechts die hohen Läufe sich verlieren
und links der dunkelblaue Puls des Basses schlägt.
Nach 9 Minuten dann das Stampfen des Fußes
                              mittig unten,
das die Richtung der Schwerkraft anzeigt
für die taumelnden Flugbahnen der rechten Hand,
die jetzt drei Kolibris nachtanzt;

zurück zu treten aus dem Globus der Klänge,
um den Hinterkopf des Stiefvaters zu sehen
vor seinem Steinway; ihn dann
vor einem andren Flügel sitzen zu sehen,
dem am Konservatorium, auch in Köln,
sein Kopf, halbiert vom Mittelscheitel,
beugt sich hinab und hinein in
die Labyrinthe von Chopins Gemüt;

zu lernen, dass dieser Kopf zu diesem Glück
mal fähig war, bevor der erste Großkrieg
ihn so verzagt hat an der Balkanfront, dass
nur die schiere Könnerschaft ihm treu blieb;

wonach du, Mamaji, die letzte seiner Frauen,
seinen Verlust nicht ahnen konntest, wenn du ihn
technisch perfekt aber nix dahinter genannt hast,
womit du nicht nur sein Klavierspiel beschriebst.

Metalle

Großväter sind wohlgesinnte Wiedergänger,
sind Wesen aus Hören und Sagen
zusammengeschraubt zum Gerüst
um unseren Leerraum herum.
Deiner saß täglich an der Werkbank und
schmückte geliehenes Geschmeide. So
hast du ihn gefunden, den Kopf
auf dem Kernholz.
Eine Vogelbrosche klebte ihm auf der Stirn
granat-rot glitzernd an Flügeln und Leib.
Er war der Mann, der dir wortlos
den kargen Vater erklärt hat.
Meiner nahm Ohropax und Schlafgift
vom ersten Krieg bis nach dem zweiten.
Er schaut auf mich.
Er sieht mich besser,
wenn ich auf seiner Golduhr
ihm den Stillstand
unserer Zeit beweise.

Nachfolge

Kein Fleck, ein Haufen; seltsam
verkrümmt, gezackt, wie gerupft;
also Federn, Flügel; ein Flug, beendet.
Der liegende Vogel.

Ameisen wimmeln
im Loch im Nacken;
work their way
in and out of the fallen.

Zu jedem Winterbeginn derselbe
Fingerzeig. Ordne dein Leben
im Nachhinein auch. Wenn
wahr ist, dass rechtes Tun
den Zeitpfeil nicht kennt.

Der Amselleib zittert zwischen
den Stecken, die mein Sohn trägt
abwärts zum Bach, ein Flügel
schwingt matt nach
auf den Stufen zum Steg.

Mein Junge sagt
wenn du hier nicht mehr
lebst dann lebe ich hier
hat Mama gesagt dass
du gesagt hast zu ihr.

Deutungshoheit

Im halben Jahr nach dem Sturz
sprach mein Narrativ noch von den
mindestens drei Engeln, die an mir vorbei
sich fallen ließen, um mich dann zu bremsen;

so war der zeitgeraffte Ablauf erklärt,
der für jede Drehung, jeden Aufprall
die jeweils günstigste Variante fand
für den Erhalt des Lebens dieser eiligen Gestalt;

bis heute eine andere Art von Deutung
sich zeigte im Solo-Tanz zum Solo der Trompete
von Miles Davis zum Auftritt von *Jack Johnson*
inmitten seiner *three blonde angels;*

dass nämlich das, was sich zeigen will
und was sich in uns feiern will,
uns braucht dafür und dass ich deshalb
noch ein Weilchen bleiben sollte.

WEIT

1 [Delhi – Madras]

Inselschiff ("This whole dance of life...")

Die Silhouette dort vorn,
asphaltgrau und ruhend

am Rand des Getümmels aus Blechblitzen,
rasenden Reifen und Fanfaren.

    Wir hier stehen,
        rollen näher, stehen,

drei Sitzende sind es
auf einer Fußgängerinsel

und drüben lärmt das Fließband
der Laster heran und vorbei.

Der Mann geht manchmal
langsam mit offner Hand

zu einem Wagen vor uns,
der neben ihm zum Stehen kommt.

Die Frau schaut über den Kopf der Tochter und über
das Bündel am Boden, das sich zu bewegen beginnt,

ein kleiner Kopf zeigt sich kurz
und verschwindet unter seiner Decke

im spitzen Bug der Insel, die
versunken daliegt wie ein Urzeitboot,

das Kind und seine Decke werden breit
und lang und tanzen blinden *Contact Dance*

mit ihrem Kopfsteinpflaster
von Randstein zu Randstein

wabert das Gebilde in wilden
Gebärden hin und her und

    im Vorbeifahren an drei
    leeren Gesichtern sehe ich,

wie das tanzende Etwas auf die Fahrbahn
gegenüber gerät in den freien Sekunden zwischen

flüchtendem Hinterrad
und jagendem Vorderrad.

Auslese

Sich zu verirren
in das Delhi, wo um vier Uhr nachts
neben der Müllabfuhr ein Karren
geschoben wird, für die graubraunen Säcke,
die nicht aufstehen, wenn das Hupen
um die Ecke biegt. Die anderen Säcke
rappeln sich hoch und stehen
an den Häuserwänden so flach wie möglich,
die schnelleren von ihnen in einem Hauseingang,
um den Wasserwerfern zu entgehen.

Unsere Kinder wachten von der Rücksitzbank auf,
starrten über die Unterkante der Fenster
und fragten beharrlich nach einer Antwort.

Vor dem Ghetto

Vor der südlichen Pforte des Koregaon Parks, dem bewehrten Bezirk mit den Sommerresidenzen der Reichsten aus Mumbay, lagert morgens bis abends ein geschlechtsloses Wesen, dessen Gesicht von Wucherungen geformt ist. Der Kopf, wie durch fremden Willen gedehnt und zerbeult, lastet schwer auf dem zierlich gebliebenen Körper in seinem Jutesack. Mal flüsterte, mal rief es daraus hervor: „ ... ungrytoday ... ungrytoday ...", was mal hungrig und mal wütend bedeutet; wobei Gesicht und Stimme frei von jeder Empfindung sind. Einmal, als meine ungenau geworfene Münze von dem Schoß zwischen den gespreizten Beinen zu Boden rollte, wurden die Hände sichtbar: zart und wohlgeformt, wie aus Alabaster oder altem Elfenbein. Sie bemerkten meinen Schrecken und huschten zurück unter die Jute, bevor das Geld ergriffen war.

Feuer am Fluss

Diesseits im Aschebett
ein ragendes
glimmendes Schlüsselbein.

Krächzen stürzt hoch und
verfliegt wenn der Brahmane
die Glut rührt.

Drüben neues Feuer
unter und über
Gestalten im Glast.

Ein Boot steht im Strömen
unter der Brücke für erstarrte
Rikschas und Laster.

Inseln aus Schilf
und Unrat schweben
flussaufwärts im Kehrwasser.

Ein Kahn legt an.
Mit weißem Bündel,
und weiß umblüht.

Ecstasy oder έκστασης

Auf dem Platz im marmornen Rundgang
um die Halle, wo gegenüber täglich
das Pfauenrad gezittert hat
mit der stolzen schmalen Pfäuin davor,
stand einmal ein bleicher Fremder,
die Augen groß aufwärts gerichtet;

und immer halb hinter ihm
auch wenn er sich bewegte,
hielt sich ein schmächtiger Inder,
der den überragenden Kopf
im Auge behielt als müsse er ihn
schützen vor einem tiefen Sturz.

Ein Leerraum umgab die beiden,
obwohl dieser Teil der Kolonnade
recht beliebt war, man sah von dort
auch das Zentrum des Saals,
wo der Gesang und das Klappern
der Räucherkessel entstand.

Stämmig schien er, der Mann und breiter
noch als seine Umhüllung aus weißem
Yogagewand, die Lippen blass wie
das Kinn. Schien jederzeit kurz vor
einer entscheidenden Wendung
eines allgemeinen Geschicks.

Unterweisung

Auf dem Bahnhof von Bangalore,
wo man in langer Schlange sich
für die Toilette anzustellen hat,
um seine 20 Paisa Eintrittsgeld zu entrichten
an den Mann, der dafür Papiertickets verteilt
und jeden Vorgang in ein Schulbuch notiert,
wonach man eine der türlosen Kabinen bezieht,
weil die vom Monsun durchweichte Hose
gegen einen feuchten Lunghi einzuwechseln ist;

wo Wasser zentimetertief den Boden bedeckt
und neben dem Abtritt ein Blechbecher
übervoll unterm rinnenden Hahn
auf die nächste Intimreinigung wartet;
wo es keine Zwischenablage für Hose
Unterhose Socken gibt außer
den halbhohen Seitenmauern;

wo der Einbein-Stand mit Rückenbeugung
und Spreizknie so lang zu halten ist,
dass man ums Gleichgewicht kämpfend
manchmal den schwebenden Fuß
so hastig senkt, dass beim Auftreten
die stinkende Brühe hochspritzt;
dort wurde für billiges Entgelt
die wahre Achtsamkeit gelehrt.

Goa durchwacht

Das Paar nebenan singt Hindu-Mantras
mit Texas-Akzent und das Wellblechdach
filtert trocknes Geprassel aus dem Monsun.
Ich schnorchle durch die Korallengärten
unter dem Tag und höre wieder deine Stimme,
mal schwankend verzögert, mal gestaucht und
in gefälliger Modulation. Höre
meiner Übersetzung zu: Das Verrückte bei
dieser Zugfahrt durch die Zeit sei, dass sie
stehen bleibt, kaum dass man aufspringt.

2 [San Fran – Cuzco]

San Andreas Fault bei Point Reyes

Zwischendurch kommt
auch oben der Boden
zur Ruhe die Erde
sammelt sich und
Flüsse und Kräfte
fließen wieder an
behüteten Feuern
entlang. Die Lüfte
sondieren frisch
befriedetes Land.
Dunkles tritt
dorthin zurück
wo es nährt und
Wurzeln und Herkunft
umhüllt. Lichtgrenzen
durchwandern die Reiche
der Schatten und Nebel
und bereiten sie vor
für das was innen
zum Ausbruch die
Kräfte ansammelt.

Local Loafer, Man O' War Bay, Tobago

Nicht wegen des
Machetengriffs über
dem Gürtel

oder weil wir
in dem Schulterbeutel
heiße Ware ahnten

oder wegen
des Stockzahns
mit Gold-Intarsie

haben wir ihn
weggeschickt
sondern weil

seine Rohheit
uns abstieß
rückwärts in

unsre Art
der wohlverpackten
Zu- und Abneigung.

Als Antwort sank er
breit grinsend
in den Sandbruch

der letzten Sturmflut
und nahm vorher
eigens für dieses Gedicht

den größeren von
unsren Hummern mit
der uns zum Abschied

mit seiner freien Schere
nachdrücklich bedächtig
zuwinkte.

Schwertengel

Frühmorgens und spätabends klappern
Flusskrebsvölker strahlenförmig von jedem Schritt weg.
Der Bäcker schenkt beim dritten Kauf
der Frühstückssemmeln einen jungen Hummer,
so wertvoll ist das Brot.
Und weil auch dieses Paradies
sein Schwert braucht,
lassen die Fischer die Riesenschildkröte
drei Tage und vier Nächte lang rücklings verenden.
Das Fleisch werde zarter so. Die Schreie
schnitten den Nachthimmel blutig
und das Dorf schlief tief in Vorahnung
des Festessens. Es wird
nach Rind schmecken, heißt es.

Doppelgänger, Vorgänger

Ich kann ihn gut erkennen
von oben, den jungen Mann
der mich nie kennen wird.

Wie er inmitten des Stampfbodens
der Ein-Raum-Hütte
barfuß steht und wartet

auf Sandflöhe und Wanzen,
die er aus dem Beinhaar
fingert und totzwickt.

Wie er täglich seinen Schlafsack
auf der Uferlava wäscht
und auf dem Ginster trocknen lässt

und er tags in den
Kleidern schläft, die er nachts
in Bottichen wässert.

Wie er mit der DDT-Pumpe
ums Bleiben kämpft
im einzigen Haus auf

der einzigen Insel im
See zwischen den
dreieinigen Vulkanen –

mit ihren Ringen
ums Haupt. Ich liebe ihn
und seinen Starrsinn,

ich hole ihm je einen
Heiligenschein vom Atitlán,
Tolimán und Acatenango herab.

Busbahnhof

Ich ging aus dem Bus und hinten über die Leiter
aufs Dach, wo schon verschnürtes Federvieh lag &
ein an den Beinen gebündeltes Schaf das ergeben
das obere Auge verdrehte während die Fasanen
nach ihrer Art hysterisch zu krächzen begannen
bis das Summen und Tosen der Geschäftigkeit den
näheren Lärm verschluckte

& einer schlendert in Kreisen näher & springt
durch die Bustür & kommt raus mit meinem
Rucksack über der Schulter & während er
sich unter mir sichernd umschaut beugt sich
drüben eine alte Frau aus dem Bus & winkt mit
dem Blick zu mir hoch & er beugt sich
hintenüber & grinst mich an & geht wieder rein
& beim Rauskommen hat er nur noch das Paar
Stiefel dabei denn damit ist er uneinholbar & das
schwenkt er lachend nach mir zurück immer
wieder bis er hinter den fernsten Hügeln aus
Kohlköpfen Karotten Avocados hinter den
Holzständen mit roten Orangenbergen & grün-
gelben Bananenbergen verschwunden ist.

Durchgangsverkehr

Felder aus verwildertem Hafer
in aufgelassenen Weinterrassen
strohgelb. In der Ebene
die Winterwüste und niemand,
der unser Unterwegssein versteht.

Manchen ist ihr Standort unbekannt
und anderen sind Landkarten fremd,
weil jede Reise Vertreibung ist.
Ein Mond versenkt sich rötlich
rückwärts im Gebirge

weg von dem Wagnis, beglückt zu sein
und verloren in der Ferne.

Flug Storno

Stunden warten
unter der Einflugschneise.
Die Welt vielleicht ja nur
ein Umkehrschluss.
Vorher und nachher
dümpeln gemeinsam gekentert
im Kerosin auf dem Meer.

Angeblich bewegt man sich
vorwärts und gleichzeitig
wächst irgendein Gegenteil mit
jedem Verlust und Verzicht
läuft eine zweite Zeit
weiter und ab.

Badende winkten hinauf
zu den blinden Bullaugen
von Flugkörpern die
bedrohlich langsam und nah
die Landung anschweben
um sie zu vermeiden.

3 [sonstwo]

Ouarzazate

Nach dem Müllgraben
um die Vorstadthütten
auf eine der Wölbungen im
blank geschliffenen Sandstein
unter der Stadtmauer zu gelangen
beim Schild nach Timbouktou
mit seinen 3000 Meilen –
hat einer zitterig den Pfeil
mit Herz gemalt weil
sein Tag so lang und
dunkel war wie unserer.

Park Tecnologiczne Gdansk

Der Industriepalast wartet auf den ersten
Möbelwagen, hochsicher geschützt

vom Puls der Lichtblitze
an jedem Hauseck.

Ein Pfad zeigt
entlang verkohlter Feuerstellen

das Dickicht an.
Am Bahndamm dahinter

lagert ein Pärchen auf dem Sockel
des Stromturms.

Zwei Gesichter gegen die kalte
Sonne tief aus Nordnordwest.

Karpathos? Kassos? Zypern?

Inseln aus Erinnerung. An allen
nagt Gedenken.
Das immer fernere Bild schrumpft
zur Pose, deren Kern unkenntlich ist
hinter leeren Gestalten und Gesten.
Kindheitsepisoden, Geburtstagsbonmots.

Das Skelett des Esels im Felssturz der
trocknen Schluchtmündung ins Meer,
die Knochen wohlgeordnet. Bis der Blick
den Fensterstock fürs Fenster hält
und das Fenster für die Aussicht,
die Aussicht für Landschaft.

Deshalb

durch wieder fremde Täler
gefahren unter hohem Abend
hingehalten von schmalem Westlicht.
Der Winter überrascht vorschnell
und gläsern wie sonst.

Unter dem Brennerpass stemmt
steigender Sturm sich dem Sog
und Willen entgegen. Nacht wirbelt
Vergebliches auf, trennt Ankunft von
Umkehr und Täuschung vom Wunsch.
Deutlicher zieht und drückt
der Boden weg und heran.

Sturm schiebt früh die Fahrt
bergauf, zurück. Vielleicht
kam und fuhr ich nur deshalb –
wegen der Hänge daheim, gestern noch
weiß unter schwärzlichem Gewölk,
heut vielgestaltig hochpoliert.

Wiedergänger

Mein Schattenwanderer quert
den fernen Berghang
gegenüber

hat seinen
Grat erreicht
stürzt ab verschwindet

in steiler Rinne findet sich
schwebt unversehrt durch Fels
und Kar bis unser Projektor

verglüht und mit
gelassener Geste
das Kinderspiel

verscheucht als stünde
schon heut Nacht
das ganze Spielfeld

auf dem Spiel. Weil er
uns unser Wissen um das Dunkel
neidet das uns gesonnen ist.

Trassenführung

Leere Abteile, wie sie eilig
leere Ländereien queren.
Das Bordbistro jagt sichtdicht
an Bahnhofsattrappen vorbei.

Forst
perfekt
schraffiert
gestellt

und an allem haarscharf vorbei
so nimmt er im Daumenkinofenster
die Winkelgrade der Alleen durch
bei dreißig sechzig neunzig Grad.

Entferntes begleitet; je Näheres
entgleitet desto hastiger.
Fahrendes Land ahmt
greises Gedächtnis nach.

Nichts kann so allein sein
wie der Reisigbesen vom Sturm
angerührt und geführt am Übergang
zum Bahngasthof *Zum Treffpunkt.*

HIER

Stoffwechsel

Rufe gleiten böig über
die Quecksilberhaut des Teichs
unter der Mauer und stanzen
verfließende Ringe um unsichtbare
Wasserläufer hinein in einen taglang

dämmernden Himmel der auf den Hängen
und Senken der Schneefelder lastet
und auf seinen Sendboten aus
gesprenkeltem Geröll – Schnappschüssen
in menschenloser Zeitrechnung.

Ich segne diese Zunge und
ihr Misstrauen gegen redende
Geister. Gesegnet sei die Dauer
die bleibt für den Wechsel.

Kanon

Einen Stein werfen
in sandige Zeit ein Netz
in die Trockenheit
dass es hallt oder
knistert und ruht
in neuer Gestalt
den Regen abwartet
über der Flut
oder erstarrt in
Überdeutlichkeit
und versinkt
im Wind.

Gut ohne uns

Der See
selbst Himmelsauge
benetzt die Bindehaut
des Firmaments.

So zwängen wir uns
in Räume hinein
und stehlen uns
aus ihnen weg.

Räume, die ohne uns
gut sein könnten.
Wir sind die Formung
der verlorenen Form.

Tun so, als sei Haut
eine sichere Grenze
statt Netzhaut
vom Rest.

Auflösung

Die Farben des Traums
ausgepixelt zum Gewimmel
sogenannter Dunkelheit.

Wasserzeichen in schwarzem Löschpapier
schweben durch drei Fenster ein
bläulich mittelgrau und beige.

Vielleicht ist alles
halbdurchsichtig. Wenn
das erschaffende Auge ermüdet.

Bis der Morgen
die Dinge einzeln
benennt und verkennt.

Von der Motorik des Federviehs

Sich so weit zu verlangsamen,
dass man zumindest dem schnellsten
Gestirn folgt im Fensterkreuz
der Nacht, wo der Mond
den Strommast umgeht.

Das meiste lebt zu langsam
für uns, nicht nur der Stein.
Für sich und für einander
lebt es, auch für den Steinbrech
und die lang liebenden Flechten.

Fährtenleser

Worte zu suchen zumindest
für die schnelleren höheren Wolken
im Schwarzblau, für das Ziehen,
das ein Schieben ist

und für den Mittelpunkt
einer Leere, bevor er
gerinnt zum Ding
mit Namen.

Fensterflügel fliehen vor
dem Wind, bis sie blind sind
oder von Scherbenkränzen gerahmt.

Würmeiszeit

Spielspuren
von Luft, Wasser, Frostblüten
im Restlicht am Rand des Raums

worin sich Zeit
an Singularitäten erinnert.
Sich neu erfindet

für eine Spezies
mit mineralischem Takt, die nicht
von Selbstdrehung und Umlaufbahn zehrt.

Die niemals
Mensch und Nutztier
dienstbar war.

Wer:

wir sind wenn niemand
was tut. Wer spielt dann wir.

Kippt da der Boden weg im
Umkreis oder mittig.

Wie selbstverständlich graben
und sammeln Tiere uns zum Nutz.

Sind nicht zu beneiden
wie wir.

Zeitmaße

Und weiter, tiefer
ist nichts, bleibt nichts
als ein mehr oder minder schnelles
mehr oder minder helles
Flackern des Mundes,
ein Blick auf
hingeworfene Gesten,
ein zuckendes Zögern
oder eine Verzagtheit
im Nacken des Bauern,
wenn er sonntags
das Maisfeld abgeht
oder den Steinbruch
im Hügel. Nichts als
der Takt des Felslebens
ist geblieben, der uns
gelassen übergeht.

Bodensatz

Eingedampftes Erleben dickflüssig
in der schweren Süße des Erinnerns.
Es trägt bitter am Versagen und Entsagen
dem Tafelsalz der Trennung.

Fließen im Stillstand im Wadi.
Das Träge hüllt Flüchtiges.
Fels lädt Flechten ein wird Nahrung
wird Staub wird Stein.

Verschlossene Farben
strahlen eigenes Licht.
Dichtung als Ampelschaltung
im Gedankengetöse.

Unter uns die
Katakomben der Vorhersagung
einer wunschlosen Welt. Geschichten
und Geschichte beginnen im Kreis

um das Feuer um das Brunnenloch.
Erzählen von dem einen
genügend großen
genügend kleinen Stein.

Wetterstein

Wenn der nimmermüde Heimwerker
seine Fingerkuppen im Spiel
der Winde und Wolken hat,

rührt uns die sture Gastlichkeit
des Wiesenplateaus auf
seinen Steilwänden,

sind wir entfernt verwandt mit
den Kaskaden
aus rinnendem Kalk

und mit dem Wegewart mit Schaufel –
sein Schädel gefurcht
von Witterung und Wortlosigkeit.

Common Grounds

Im Herbst, wenn sich das Vlies
unserer Gemeinsamkeit
mit Fallobst und Laubspiegeln
zudecken lässt,

ist Jagdsaison.
Wir stehen dazwischen
und sehen glücklich
entgeistert zu.

Fürchten den Winter nicht.
Der alte König stirbt
erst kurz nach Frühlingsbeginn.

Erdhügel aus Ungelebtem
werfen sich auf. Welches
der Felder, Gräber, Saatlager

noch meins ist
und deins?
Oder schon
Allmende.

Namenlos *(White Buildings)*

Möglichkeiten recken ihre Köpfchen
klammheimlich durch die Plastikbeutel unserer
Welt, schleimbedeckt
und hohläugig. Erst unser Blick
zeigt ihnen das Sehen.
Viele zucken zurück –
die Viskosität im Raum
aus drei plus zwei Dimensionen
stößt sie ab. Wir werden sie
an ein Gewimmel erinnern.
Aber die, die es schaffen,
werden saubergeschleckt
von den Zungen unsrer
mütterlichen Beredsamkeit.

Winterweg

Außen ist Zumutung. Nicht
das 100-jährige Spalier der Buchen
im Gelblicht oder die weiße Leere zwischen
den Notationen des Stacheldrahts, oder gar
der gedunsene Dachs, der beim Gewendetwerden
                                                       pfiff.

Aber alles zusammen jederzeit
zusammen als Springflut
pausenlos in diese Augen gespült
zusammen mit allem anderen,
was gesagt werden könnte.

Wie oft wie lang gesehen? Mal ehrlich.
Wie eng am Nichtvergessen festgehalten.
Wie wenig heimgebracht. Und wieviel
unabsichtlich verschwiegen.
Aber gut so. Auch das Wenige.

Von hier aus

Der Fluss fließt und steht
im Gegenwind zwischen
Gefälle und Gekräusel.

Im Hochufer neu entdeckte
Fundgruben, der Unterstand vom letzten Krieg
braucht nur noch nachgehöhlt zu werden

für die nächste Not.
Von mir aus. Vergebliches zu verzeihen
um es im Schreiben zu bündeln.

Zwischenräume

Die Tür fiel vorschnell langsam zu.
Kein Notschlüssel am Schuppen.

Hinter Fenstern unantastbar
jedes Möbelstück. Zwischenräume
treten hervor.

Das Leben der Dinge
die sich selbst gehören:

Schreibtisch. Regal.
Werkbank. Plotter.
Bild zwischen Bild.

Ein jedes bedingungslos
unverrückbar wie im Rückblick.

Sachen *(Home Grown Blues)*

Leere Flasche, halbleer das Glas.
Das regenbogenbunte Hemd
kopflos und spitzschultrig
auf der Stuhllehne.

Ein Hausschuh
die Nase zum
Schnabelschuh gekrümmt
der Absatz schräg.

Schreibpult mit Zetteln
Notizen Bleistifte Radierer
Sharon Olds Toni Morrison
Raymond Carver schiefgelesen.

Das Tagtraumtagebuch.
Schatten des Apfelbaums
zittern herüber
von der Wand.

Der gebeugte Rücken

des Jankers, der
über der Sitzlehne
des Traktors hängt
abends.

Nachmittags
3 Overalls und 2 Schürzen
an der Leine vom Sturm
ins Schweben gezerrt.

Die Birke im Hochufer
flussabwärts geneigt
seit der großen Flut
lebenslang.

Immer mal wieder

Dieser Abend macht
jeden Baum mitsamt eigenem Raum
zu einem Baum von Magritte
weil dessen Himmel sein
Himmel wird mit
selbst gemaltem Wolkenfeld
über dem kurz zuvor
erleuchteten Fenster schräg
über dem Bodenring
aus Licht aus der Straßenlaterne die
auch den Zaun
von jedem anderen Nachbarsgarten weit
und breit streift.

Beliebig einmalig

Im Dreieck zwischen Bahndamm,
Ammerdamm und Moorweg,
wo der Eiszeitgrund blank liegt

und wo vom Steilrand der Moräne her
aus Schotter und Mahlsand zögernd ein
mageres Gestrüpp aus Weißdorn sich nähert,

hat ein Platz sich versammelt
mit Verkohltem in drei Eisenwannen
Chromrosten auf Getränkekisten

und wird respektvoll umkreist
von den Spuren der
Spurensucher im Schnee..

Fäden ziehen

Grenzbach schwer verwundet
von Pfosten, die jungen morsch,
die alten steif und eiswassergesprengt,
dazwischen Stacheldraht zickzack über
meine Tränke, deine Tränke.

Also den Seitenschneider
sein Werk tun zu lassen.
Der kappt knapp am Holzschaft
Drahtklammer nach Drahtklammer.
An starken Prügeln zu ruckeln, dann
legen sie sich gut zu den morschen
und werfen sich gern weit.

(Erst hier herbeigeschrieben
dann tun gemusst.)

39 °C

Das hier
ist für die süßsauren Schwaden
aus den letzten Büscheln
des Indischen Springkrauts
und für
das ältliche Schwelen
jenes Maisfelds
hinter dem Moor
dort unterm Ende
des Schönwetterkumulus
der sich drei der vier Himmel
einverleibt hat
und der flach und glatt
wie ein Gottesbeweis
vor der Sonne steht
als Glaubensbekenntnis
zum dunklen Grasgold.
Das hier
ist für diesen Ausritt
mit Fieber bei Föhn.

Stück Glück

Abends erst den Glanz zu sehen,
der über dem Tag lag und dem Gang
am Berg; über allem wie im groben
Korn der Bilder vor jedem späten Tritt.

Auch im Eiswind, der zwischen mich
und meinen Hausberg fuhr.
Der mir den Fahrweg zum
Jägersteig umdeuten wollte.

Und in der Familie am Gipfel;
sprachlos sahen die Eltern dem Jungen zu,
als er sein Stück aufführte:
Das Glück ist ein Salamibrot.

Stadtplatz

Jeder in seinen wohlgewählten Fetzen
sorgsam abgelottert zur einzigen Einheit
hinein geprägt vom Werk des Gehens
unvergleichlich.

Immer die Scheu in
Augen und Schritt,
das minimale Loch, das
nicht ganz wegzuzwinkern ist.

Jeder jederzeit souverän
auf dem Hochseil zwischen
eben noch und sehr bald
im Netz der Blicke.

Endlich das alte Paar,
eingepasst in Takt und Beugung
händchenhaltend scheinbar,
wo seine Linke ihren rechten Puls
zuweilen streift.

Wenn ich stiller sitze.
Werde auch ich noch
zweisam oder zu einem.

Nah

(1)
Er schlendert heran und seine hohen
Schultern überragen den Zaun vor
dem Nachbarhaus, das ihm die Frau
und Kinder vorenthält, er steht und schaut
in die Beete, zur Veranda hoch, und geht.

In seinen Rücken fällt gellend
der Jubel aus dem Baumhaus herab,
wir stehen am Fenster, ich übersetze
fremdes Unglück in meine Hände
und in dein Haar.

(2)
Die Frau ist allein jetzt, sagt man.
Mit den drei Kindern, der Hund
ist beim Mann. Kurz vor dem Frost
hat sie Rosen ans Hauseck gepflanzt.

Gestern steht sie mit dem Kleinsten
an der Hand vor unserer Tür, um anzurufen.
Sagt laut: „As Telefon hod a gschbead!"
Und leise: „Dea Lump dea." Sie zerrt

am Ärmel des Sohns. Wird ihn das Wort
begleiten? Wie mich der *Tunichtgut*
als unsichtbarer Vater?

Als wäre jeder
Vater besser als keiner;
so sah mich der Kleine fest an.

Du stehst vor der Tür

In dem gedehnten Moment vor
dem nächsten Programm siehst du
die Hand auf der Klinke,
die Schwelle mit Schuh,

versprichst dir, daran zu denken,
wie es war ohne Ziel zu sein und
ohne Verständnis. Wenn ein Ort
nur Ankunft ohne Herkunft ist.

Wirst dich später
nur erinnern an
die Schwelle mit Schuh
und die Klinke mit Hand.

Netze

Welche Sprache hält inne am Meer
bei den Ansprachen der Kiesel
bis sich Namen einfinden
Manvantara? Pralaya?

oder hält stand im Stadtpark
vor der Tür zum Tag
um zu sehen
wie die Vögel.

Und wie die Vögel vergeblich
jeden Zwischenraum spuren
für die ersten Passanten die das Netz
der Geistwelt neu knüpfen.

Manche schieben manche ziehen
in Gruppen in meinen
nächsten Bericht von einem
wartenden Vormittag hinein.

Altes Lied

Am nahen Ufer Schilfgras.
Darüber Nebel unter
Hütten.

Die Gestalt von rechts,
die links
dunstig verfließt.

Dort wird er allein sein
endlich. Um endlich
ein irgendwo

zum hier zu machen.
Bis einer auftaucht
weiter oben

über den Hütten und
hinkt und hinkt
und weiterhinkt.

NOCH

Luft und Ersticken

Er liegt. Ich sitze,
wir atmen. Ich sehe
seine halben Augen.
Er stirbt, ich lebe
noch ein Weilchen.

Wir haben jetzt
die gleiche Zeit,
die gleiche Luft
füllt diese Lungen
und verlässt sie.

Er schaut von unten
auf mich herab,
drei Finger winken
meiner Hand,
ergreifen sie

wie ein Legat
wie einen Pakt
für meinen Heimweg.
So viel ist so gut
wie sicher.

Für J. S.

Spitz war das Tuch über ihren Knien,
die Nase scharf halbiert. Zu fünft
umstanden wir das Stillleben im Eishauch
im Dröhnen der Kühlung. Mit der Sprache
schwand das Denken, Unverstandenes
war uns ein flinker Tiefseefisch und
flutschte weg im Zugriff.

Umfassten also Arme und Beine, mir
kam der Kopf zu, der abgedankte Gebieter.
Dann tat es ein paar dumpfe Schläge,
der Dieselmotor stampfte schwer,
aber nein, es war nur die Art womit
die Oberschwester uns bedeutete,
dass es Zeit war zu gehn.

Grab, Grabung, Eingrabung

Die
Absätze und Hosenbeine
über dem Parkett beim Italiener
am Dom. Das Kopfgerecke hin
zum unsichtbaren Fernseher,
der die Nachricht von Kennedys Tod verteilt.

Oder
die Matten und Maschinen
im Sportstudio, während alle
auf den Kommentator starren
kurz vor dem Einsturz des
zweiten Turms.

Es ist
das Beiläufige, das sich eingräbt
mit dem Pflug auf Breughels Bild
vom kleinen Sturz des Ikarus –
und deshalb muss der Landmann dort
recht eindrücklich und unbeteiligt sein.

Fotoikone, Srebrenica

Seine Pupillen sind schon leer, sie
kennen ihren Tod. Nur in den geweiteten Kreisen
um die Lider lagert noch der Ring aus Angst,
das linke Ohr zieht es zum Herz hinab, die Neigung
zeigt ihr Ziel. Der Jüngling war geboren
für diese hohe illyrische Gestalt,
die schon die Römer fürchteten. Jetzt krallt
sich seine Rechte fest am Drahtgehege,
sie weiß, dass er es nicht verlassen wird.

Sein Blick trifft uns frontal und quer
durch fünfundzwanzig Jahre
und wird von hier aus weiter treffen
pfeilsicher durch private Zeit.

Transport

Namenlos
der Blick des Mannes im dicken Mantel
vor dem Viehwaggon.
Jede Pore des Gesichts reinweiß
wie weggebrannt.
Er trägt den Koffer nicht, er hält sich fest
daran, denn der ist schwer
und biegt ihn schief
zur andern Seite, auch weil
sein kleiner Junge
dort den Arm ablegt.
Der Schwerpunkt der drei Körper
liegt zwischen Koffergriff und Vaters Brust
der Schwerpunkt des Todes steckt
im schwarzen Sog der Ladeöffnung
oberhalb als Fraktal
im Bilderkanon dieses Lands.

Nachfolge

Eine Schwärze wartet im Grau
des Betonsaums hinterm Haus
und die Prozessoren der Deutung
schalten vom Stand-by
auf volle Leistung –

kein Fleck, ein Haufen; seltsam
verkrümmt, gewaltsam vielleicht;
gezackt, wie gerupft; also Federn,
Flügel; ein Flug, beendet.
Der liegende Vogel.

Ameisen wimmeln
ein und aus
im Loch im Nacken;
Rats work their way
in and out of the fallen.

Zu jedem Winterbeginn derselbe
Fingerzeig. Ordne dein Leben
im Nachhinein auch. Wenn
wahr sein soll, dass das Tun
den Pfeil nicht kennt.

Der Amselleib zittert zwischen
den Stecken, die mein Sohn trägt
abwärts zum Bach. Ein Flügel

schwingt matt nach
auf den Stufen zum Steg.

Versinkt zuletzt im Wasser,
taucht einmal auf wie der Arm
des Langstreckenschwimmers.
Mein Junge wirft die Stöcke hinterher
und lacht. Nimmt meine Hand

und geht voraus. Sagt
wenn du hier nicht mehr
lebst dann lebe ich hier
hat Mama gesagt dass
du gesagt hast zu ihr.

Fehlende Lücken

Die Enge treppabwärts zwang
das Schulternpaar des Kapuzenmanns
und meins zum Gruß.
Die Klotür ließ sich aufdrücken.
Dahinter die Grabkammer
erstmals geöffnet.
Laufschuhe, Jeans, Sweater ultramarin
gefärbt vom kalten Blaulicht
der Anti-Fixer-Funzel.
Rumpf und Beine um den Schüsselfuß
geschmiegt wie um das Haustier.
Der Blick hat den Kopf
noch aufwärts gedreht,
die Augen im schmalen Visier
der Kapuze sehen alles, was
außen und innen lebte und stirbt.
Sind durchsichtig weit
wie nach leichter Geburt.

Hospiz

Ein Fasthusten kämpft an
gegen alles.
Gebrauchsanweisungen stürzen
herbei, verblassen zusehends.

Stille schwappt zurück.
Zum versunkenen Stein.

Ein Fernes
gurgelt als Paddel.
Sinkt weg
unters Parkett des Alltags.

Überlagert

Botho Strauß, wie er
Robinson Jeffers hochleben lässt, wie
der
seine Frau vor dem Haus und über dem Meer sitzen
sieht,
die ihren Tod in sich wachsen spürt wie
ein Kind und
die ihre
Hände ansieht und denkt:
die werden nächstes Jahr im Krematorium brennen
wie
Lumpen. Und
ich – wo?
Da heben
ihre Hände sich und zeigen auf
die Hände meiner Sohnesmutter.
Die halten
ihren Bauch
die Heimstatt des
sich selbst verschlingenden Wucherns, noch
streichen
sie über das, was Bauch war und auch geliebt sein
will.
Streifende Finger und
streifende Augen als hätten
sie noch nicht gelebt. Wie
ihr Robin sie ansieht,

die immer Aufragende, zerfallend zu
Nichts, so sehe
ich
meine Frau in diesem Sommer, wie
sie nacheinander
den Sohn
den Bauch
die Hände
die Zartheit und
den Augenblick abstreift.

Fallhöhe

Sturm fällt ein
ohne Vorwarnung stürzt er
auf Seen und gletscherpoliertes Land
wo ihm nur Flachgehölz und biegsame Birken
antworten in Mooren und Filzen
bis zum Vorgebirge hin. Zerrt
und klopft an den Falten und
Verschlägen der Nacht.
In der Stille weder allein
noch nicht allein.
(Bashŏ, ca. 1690)

Gesichter (Riga)

Drei Brustwirbel über Herzhöhe
ist jene Bucklige in mir gespeichert
mit ihrem Rollator, bis abends,
mitsamt dem Bus heut früh.

Ich setze mich nicht mehr,
ich geleite sie mit ihrem
bös geschmerzten Mund
zum letzten Sitzplatz hin.

Das Fahrgestell klappt sie
zusammen, aber im Licht
des Augenkreises um sie herum
öffnen ihre Lippen sich jetzt

und sie nickt dem Boden zu
in Richtung meiner Schuhe.
*Each single face is being
carved by Him each moment*

*it's He who moulds the faces
of the torturted and the torturers*
und auch das Gesicht aus der
Hand des Schönheitschirurgs.

*He greets us through the gestures
of the spastic* bei ihrem Kampf
aus dem Bus tief
hinab zum Gehweg.

ANMERKUNGEN

Bezeugt
Dresden, Mitte März 1943.

Slaughterhouse
vgl. Slaughterhouse-Five, Titel eines Romans von Kurt
Vonnegut. Zentrales Ereignis ist die Zerstörung
Dresdens am 13./14.2.1945 durch die britische Luftwaffe,
die Vonnegut (und M.F.) überlebten.

Nachfolge
Zitat aus: Raymond Carver, Where Water Comes
Together With Water, 1984.

Inselschiff
Bangalore.

Feuer am Fluss
Pune, Mutha River, Burning Ghat revisited, 1979 – 2013.

Ecstasy
Tiruvanamalai.

Schwertengel
Caye Caulker, Belize.

Namenlos
vgl. Hart Crane, White Buildings, 1926, S. 26.

Sachen
Wanda Coleman, Heavy Daughter Blues, 1987, S. 17 (Blue
Lady Things).

Immer mal wieder
René Magritte, L'Empire des lumières, Neue Pinakothek, München

Fehlende Lücken
London, Hampstead Heath, McDonalds, 1983

Überlagert
Botho Strauß: Fragmente der Undeutlichkeit, 1989, S. 10; Robinson Jeffers: amerik. Dichter (1887-1962). Kursives: Zitate von ihm.

Fallhöhe
Matsuo Basho (1644-1694): japanischer buddhist. Mönch und Dichter.

Inhalt

ENG   5

Bezeugt   7
Dresden/Kreta   9
Slaughterhouse   11
In der Steilwand   12
Kind   13
Lakophobie   14
Am Bahndamm   15
Black-out Flash-back   16
Tagebuchnachtrag   17
Porträt   18
Initiation   19
Fehlform   20
Gorgo   22
Zum dritten   23
Metalle   24
Nachfolge   25
Deutungshoheit   26

WEIT   27

1 [Delhi – Madras]
  Inselschiff („This whole dance of life… ")   29
  Auslese   31
  Vor dem Ghetto   32
  Feuer am Fluss   33
  Ecstasy oder έκστασης   34
  Unterweisung   35
  Goa durchwacht   36

2 [San Fran – Cuzco]
  San Andreas Fault bei Point Reyes   37
  Local Loafer, Man O' War Bay, Tobago   38
  Schwertengel   40

Doppelgänger, Vorgänger	41
Busbahnhof	43
Durchgangsverkehr	44
Flug Storno	45

3 [sonstwo]

Ouarzazate	47
Park Tecnologiczne Gdansk	48
Karpathos? Kassos? Zypern?	49
Deshalb	50
Wiedergänger	51
Trassenführung	52

HIER 53

Stoffwechsel	55
Kanon	56
Gut ohne uns	57
Auflösung	58
Von der Motorik des Federviehs	59
Fährtenleser	60
Würmeiszeit	61
Wer:	62
Zeitmaße	63
Bodensatz	64
Wetterstein	65
Common Grounds	66
Namenlos (White Buildings)	67
Winterweg	68
Von hier aus	69
Zwischenräume	70
Sachen (Home Grown Blues)	71
Der gebeugte Rücken	72
Immer mal wieder	73
Beliebig einmalig	74
Fäden ziehen	75
39 °C	76
Stück Glück	77
Stadtplatz	78

Nah   79
Du stehst vor der Tür   81
Netze   82
Altes Lied   83

NOCH   85

Luft und Ersticken   87
Für J. S.   88
Grab, Grabung, Eingrabung   89
Fotoikone, Srebrenica   90
Transport   91
Nachfolge   92
Fehlende Lücken   94
Hospiz   95
Überlagert   96
Fallhöhe   98
Gesichter (Riga)   99

[V]

Reihen im Leipziger Literaturverlag

- neue lyrik
- neue prosa
- neue szene
- bibliothek OSTSÜDOST
- bibliothek WESTNORDWEST
- portugiesische bibliothek
- älteste dichtung und prosa
- bücher für klein und groß
- essay
- graphik + art
- fotografie
- dokumentation
- die stimme des autors – hörbuch
- poesiefilm

Unser gesamtes lieferbares Programm, Biobliographien, Leseproben, Rezensionen, Hörbeispiele, Kurzfilme und viele weitere Informationen finden Sie im Internet:

www.sisifo.de
www.leipzigerliteraturverlag.de
www.krautbuch.de
www.inskriptionen.de

neue lyrik   www.leipzigerliteraturverlag.de

01 Viktor Kalinke, Indianer im karierten Hemd
02 Tomaš Escher, Linie 72
03 Viktor Kalinke & Caroline Thiele, El Gancho bravo
04 Katja Langer & Viktor Kalinke, liberi terrestris
05 Viktor Kalinke, Die Kunst : den Ort zu finden
06 Anna H. Frauendorf, anKIRYLna
07 Jens Rosch, Jokhang-Kreisel
08 Viktor Kalinke, Herbst auf Sumatra
09 Laurynas Katkus, Tauchstunden
10 Gintaras Grajauskas, Knochenflöte
11 Viktor Kalinke, Wie ich Amerika entdeckte
12 Sergej Birjukov, Jaja Dada
13 Wojciech Izaak Strugała, Phantasmagorien
14 Pentti Saarikoski, Tiarnia
15 Silvio Pfeuffer, Tausend Sonnen sind eine vermisste Million
16 Uwe Nösner, Die gekreuzigte Zeit
17 Mila Haugová, Körperarchive
18 Peter Gehrisch, Tunnelgänge
19 Billy Collins, Schnee schaufeln mit Buddha
20 Guillaume Apollinaire, Bestiarium
21 Krzysztof Siwczyk, Im Reich der Mitte
22 Charles Wright, Worte sind die Verringerung der Dinge
23 Urszula Kozioł, Bittgesuche
24 Nina Chabias, Guttapercha des gänsehäutigen Gehänges
25 Miloš Crnjanski, Ithaka
26 Bärbel Klässner, Der zugang ist gelegt
27 Yvette K. Centeno, erdnah
28 Shakespeare, Sonette
29 Jean-Michel Maulpoix, Eine Geschichte vom Blau
30 Leonid Aronson, Innenfläche der Hand
31 Carsten Zimmermann, licht etc.
32 Gennadij Ajgi, Immer anders auf die Erde
33 Axel Helbig & Ulf Großmann (Hg.), Skeptische Zärtlichkeit
34 Dieter Krause, Farbkammern
35 Hadžem Hajdarević, Land, das es nicht gibt
36 Jens Rosch, Goðan Daginn
37 Charles Kenneth Williams, Von nun an
38 Sergej Jessenin, Der Winter singt – es ist ein Schreien
39 Peter Gehrisch (Hg.), Das reicht für eine Irrfahrt durch Polen
40 Miodrag Pavlović, Mißhelligkeiten
41 Walter Thümler, Ist jemand da
42 Verica Tričković, Als rettete mich das Wort
43 Radmila Lasić, Das Herz zwischen den Zähnen
44 Robert Hodel (Hg.), Hundert Gramm Seele
45 James Laughlin, Dylan schrieb Gedichte
46 Boško Tomašević, Früchte der Heimsuchung
47 Esther Mohnweg, Zuerst versinkt der Horizont
48 Jean-Michel Maulpoix, Schritte im Schnee
49 Cyprian Kamil Norwid, Über die Freiheit des Wortes

neue lyrik

www.leipzigerliteraturverlag.de

50 Marina Zwetajewa, Mit diesem Unmaß im Maß der Welt
51 Viktor Kalinke, Welcher König hat hier gehaust
52 Mile Stojić, Cherubs Schwert
53 Martin Jankowski, Sekundenbuch
54 Milan Mladenović, Kind aus dem Wasser
55 Anna Achmatowa, Unsrer Nichtbegegnung denkend
56 Elin Rachnev, Zimt
57 Walter Thümler, Was daraus wird
58 Bahrom Ro'zimuhammad, Ich habe mein Selbst vergessen
59 Momčilo Nastasijević, Sind Flügel wohl ...
60 Brigitte Rath & Slávka Rude-Porubská (Hg.), Verreisen in Versen
61 Charles Reznikoff, Holocaust
62 Konstantin Hanack & Annegret Pannier, Halbjahresversuch
63 Jovan Zivlak, Winterbericht
64 Marina Trumić, Zwischen Warschau und Sarajevo
65 Bella Achmadulina, Viele Hunde und der Hund
66 Klaus Oemichen (Hg.), Es wandern die Zeiten
67 César Leal, Der Triumph der Wasser
68 Katja Winkler, Die besten Jahre
69 Peter Gehrisch, Der glimmende Ring meiner Lichtwissenschaft
70 Angelina Polonskaja, Schwärzer als Weiß
71 Robert Hodel (Hg.), Vor dem Fenster unten sind Volk und Macht
72 Martin Jankowski, sasakananas. Indonesien Material
73 Desanka Maksimović, Ich bitte um Erbarmen
74 Verica Tričković, Im Steinwald
75 Víctor Rodríguez Núñez, Mit einem seltsamen Geruch nach Welt
76 Granaz Moussavi, Gesänge einer verbotenen Frau
77 Mayjia Gille, SEIT TAGEN WARTE ICH IN DEN SAROTTIHÖFEN
78 Walter Thümler, Immer geschieht etwas
79 Milan Hrabal, Eine schimmernde Wabe Glimmer
80 Myron Hurna, Erlkönigs Erlösung
81 Milorad Popović, Scheidewege
82 Cyprian Kamil Norwid, Vade-mecum
83 Gregor Mirwa, Eine Sekunde vor dem Erwachen
84 William S. Merwin, Der Schatten des Sirius
85 udo kawasser, das moll in den mollusken
86 Yvette K. Centeno, Herbstspiegel
87 Luís Filipe Castro Mendes, Fremde Nähe
88 Jean-Michel Maulpoix, Die rote Schwalbe
89 Robert Hodel (Hg.) Sie ging durch Russland...
90 Max Temmerman, Die Geduld der Gärten
91 Kočo Racin, Weiße Dämmerungen
92 Dragana Tripković, Verse aus Sand
93 Regina Jarisch, Herzflug
94 Mayjia Gille, Kurznachricht um acht
95 Angelina Polonskaja, Unvollendete Musik
96 Susanne Opfermann & Helm Breinig (Hg.), Gedichte für eine neue Welt
97 Marina Gerschenowitsch, Auf der Suche nach dem Engel
98 Hélia Correia, Das dritte Elend

Bibliographische Information: Die Deutsche Bibliothek
Die Deutsche Bibliothek verzeichnet dieses Buch in der deutschen Nationalbibliographie, detaillierte Angaben sind erhältlich auf http://dnb.ddb.de

ISBN 978-3-86660-269-4

Zur Förderung einer vielfältigen Literaturszene unterstützen wir:

© Leipziger Literaturverlag, 2021.
1. Auflage, printed in the European Union.
Umschlagbild: Ahnenaltar, Tanimbar-Archipel, Indonesien (Grassi-Museum, Leipzig)
Reihengestaltung: Viktor Kalinke.
Lektorat: Jessica Reuter.
Gesetzt aus der Gentium.
Alle Rechte an dieser Ausgabe vorbehalten.
Vervielfältigung, auch in Auszügen,
ohne schriftliche Genehmigung nicht gestattet.

Unser gesamtes lieferbares Programm und viele weitere
Informationen finden Sie auf **www.l-lv.de**